SV

Lily Brett

Alt sind nur die anderen

Aus dem amerikanischen Englisch
von Melanie Walz

Suhrkamp Verlag

Die in diesem Buch enthaltenen Kolumnen erschienen bis auf *Altern* und *Beerdigungen* in den Jahren von 2016 bis 2019 unter dem Titel *Lily's Loopings* in BRIGITTE WIR.

3. Auflage 2020

Erste Auflage 2020

Satz: Satz-Offizin Hümmer GmbH, Waldbüttelbrunn
Druck: Pustet, Regensburg
Printed in Germany
ISBN 978-3-518-42946-4

Für David, in den ich mich, zwei oder vielleicht drei Tage nachdem ich ihn kennenlernte, verliebt habe.

Und für meine Herzensfreundin Audette Exel.

Inhalt

Alt sind nur die anderen

Nierenarterien und Speeddating

Sich jung zu fühlen fällt in New York leichter als an anderen Orten. Hier herrscht die Überzeugung, wenn nicht gar der Glaube, dass jeder jung ist. Üblicherweise wird man mit »junge Dame« angesprochen. »Was kann ich für die junge Dame tun?«, fragt mich der Mann in der Reinigung um die Ecke, wenn ich den Laden betrete. Oft ist das früh am Morgen, und ich würde am liebsten lachen. Ich bin nicht jung. Ich bin Ende sechzig.

Nicht, dass ich mich alt fühlen würde. Ich sollte es, aber ich tue es nicht. Teilweise fühle ich mich noch immer wie eine Zwanzigjährige. Obwohl ich mein halbes Erwachsenenleben und drei Viertel meines Einkommens auf meine Psychoanalyse verwendet habe, bin ich nach wie vor häufig entscheidungsscheu, zögerlich, besorgt oder voller Ängste. Es ist nicht so einfach, sich in New York alt zu fühlen.

Eine andere verbreitete Anrede lautet »Miss«. Guten Morgen, Miss. Entschuldigen Sie, Miss. Man wird »Miss« genannt, ganz gleich, ob man eine zehnjährige Zahnspangenträgerin ist oder achtzig und am Stock geht. Der Sprachgebrauch der New Yorker ist geprägt von ewiger Jugendlichkeit. Frauen jeden Alters können von ihrem »Boyfriend« sprechen. Man sollte meinen, dieser Begriff sei nur für Teenager angemessen. Aber nicht in New York. Da kann man selbst als Sechzigjährige, Siebzigjährige oder Achtzigjährige zu Dates gehen.

Mein Mann und ich saßen im Cupping Room Café, einem sehr alten und unspektakulären Restaurant in SoHo. Mir war nicht wohl. Mein Arzt hatte mir gesagt, ich müsse eine Ultraschalluntersuchung meiner Nierenarterien vornehmen lassen. Er hegte die Befürchtung, eine der Arterien habe sich verengt. Ich hatte bis dahin nicht gewusst, dass ich Nierenarterien besitze. Ich versuche, nicht zu viel an meinen Körper zu denken und daran, wie viele Teile unseres Körpers harmonisch und symmetrisch arbeiten müssen, damit wir funktionsfähig sind. Die potenzielle Verengung meiner neu entdeckten Nierenarterien hatte mich sehr beunruhigt.

Als wir uns gesetzt hatten, sah ich mich um und merkte, dass etwas nicht stimmte. Die Gäste sahen anders aus als die übliche Kundschaft. Das waren sie auch nicht. Der Kellner sagte mir, es seien Teilnehmer eines Speeddating-Dinners. Ein Speeddating-Dinner! Ich war neugierig, ließ meinen Mann sitzen und näherte mich dem Zentrum des Geschehens. Jeder der Speeddating-Gäste verbrachte sechs Minuten mit einem Gast des anderen Geschlechts. Nach sechs Minuten musste man den Partner wechseln.

Ich war völlig gebannt. Alle Frauen hatten sich schick gemacht. Man konnte sehen, wie viel Mühe sie sich gegeben hatten. Die Männer nicht. Sie wussten, dass es nicht nötig war. Sie wussten, dass sie begehrenswert waren, solange sie noch schnaufen konnten. Ich beobachtete die

Frauen, die sich bemühten, und war vom Beobachten so absorbiert, dass der Mann, der das Speeddating-Dinner veranstaltete, zu mir herkam und mich fragte, ob ich an einem Speeddating-Dinner interessiert sei. Es gebe, sagte er, Speeddating-Veranstaltungen für alle Altersgruppen. Und die Erfolgsquote sei ziemlich hoch, fügte er hinzu.

Es ist wirklich nicht einfach, sich alt vorzukommen oder sich über Nierenarterien Sorgen zu machen, wenn man gerade zu einem Speeddating-Dinner eingeladen wurde.

Früher war mehr Rock 'n' Roll

Ein unscheinbares Café in der 14th Street. Am Nebentisch spricht ein Mann um die dreißig in ernsthaftem Ton über Cher. Ich freue mich, dass Leute noch immer ernsthaft über Cher sprechen. Ende der sechziger Jahre, als ich Rockjournalistin war, habe ich sie mehrmals interviewt. Ihr Können und ihre Fähigkeiten machen mich fast ein bisschen stolz. »Cher ist dreiundneunzig«, sagt der Mann zu der jungen Frau, die wie gebannt an seinen Lippen hängt. Sie wirkt beeindruckt. »Cher ist dreiundneunzig und hat noch einen dichten Haarschopf«, sagt er. Ich funkle ihn zornig an. Er schenkt mir keine Beachtung. Cher und ich sind gleichaltrig. Weder sie noch ich sind dreiundneunzig.

Ich fühle mich stellvertretend gekränkt. Das Älterwerden ist unerquicklich genug, auch ohne in meinem Alter für eine Dreiundneunzigjährige gehalten zu werden. Neulich empfahl mir eine Freundin, nie mit Brille in den Spiegel zu sehen. Ich habe mir verkniffen, ihr zu sagen, dass ich ohne Brille nicht sehr viel sehen kann. Sie hat es sicher gut gemeint. Ich runzle inzwischen die Stirn, wenn ich in den Spiegel sehe. Aber das habe ich wahrscheinlich schon mein Lebtag getan.

Das Älterwerden macht mir mehr zu schaffen, als ich mir eingestehen mag. Im Supermarkt marschiere ich an den wachsenden Regalen mit Inkontinenzwindeln so schnell vorbei, als befürchtete ich, meine Blase könnte aus eigenen Stücken zu lecken beginnen, sollte ich stehen bleiben oder einer Packung Inkontinenzwindeln zu nahe kommen.

Ich verlasse das Café. Ich habe einen Routinetermin bei meinem Dermatologen. Ich versuche, alle Gedanken daran zu verscheuchen, dass Cher oder ich dreiundneunzig Jahre alt wären.

Bei meinem Dermatologen stehe ich fast nackt da, während er meinen Körper sorgfältig begutachtet. Er trägt eine Vergrößerungsbrille, die aussieht, als könnte der Arzt mit ihr durch mehrere Hautschichten direkt Leber oder Lunge betrachten.

Er beendet seine Untersuchung, tritt zurück und sagt: »Sie sind in bester Form.« Ich sehe ihn an. »Kein Mensch, der bei Trost ist, könnte mich ansehen und so etwas sagen«, sage ich. Das ist wahr. Alles an meinem Körper ist abgesackt und schlaffer als früher. Der Arzt lacht. Ich begreife, dass er als Dermatologe gesprochen hat. Er wollte nur sagen, dass er keine bösartigen Hautveränderungen entdeckt hat.

Da wir in New York sind, wohnt mein Dermatologe im selben Haus wie Keith Richards. Er hat mir erzählt, dass er Keith – er nennt ihn Keith, als handelte es sich um irgendeinen Keith Brown oder Keith Smith – ein Exemplar meines Romans »Lola Bensky« geschenkt hat. »Lola Bensky« basiert mehr oder weniger auf meinen Erfahrungen als sehr, sehr junge Rockjournalistin.

Mein Mann ist Maler. Er liebt die Rolling Stones. Er

hört ihre Musik beim Malen in seinem Atelier. Die Lautstärke dreht er bis zum Gehtnichtmehr auf. Ich gebe mir größte Mühe, keinen Ton zu hören – mit Ausnahme der Stelle, an der Keith Richards auf dem Album »Some Girls« Folgendes singt: »After all is said and done / Gotta move while it's still fun.«

Diese Stelle geht mir nicht aus dem Kopf.

U-Bahn, Sex und Dreiräder

Es ist früh am Morgen und Rushhour. Mein Mann und ich sitzen im F-Train, in der U-Bahn-Linie, die an der Lower East Side hält, wo wir neuerdings wohnen. Im Waggon drängen sich die Passagiere wie die Sardinen. Und niemand bietet mir einen Sitzplatz an. Nicht aus mangelnder Höflichkeit. New Yorker sind alles in allem nicht unhöflich. Sie sind einfach der Ansicht, dass jeder New Yorker in der Lage sein muss, sich wie jeder andere New Yorker zu verhalten. Und dazu gehört, dass man in der U-Bahn steht. Diese Einstellung gefällt mir eigentlich, nur dann nicht, wenn ich für einen Sitzplatz alles geben würde.

Wir müssen in fünfundzwanzig Minuten in der Upper East Side sein und unterwegs auch noch umsteigen. Mein Mann glaubt zu wissen, an welcher Station wir umsteigen müssen. Ich würde gern jemanden fragen. Mein Mann nicht. Er kann es nicht leiden, sich bei anderen nach etwas zu erkundigen. Warum? Ich weiß es nicht. Ich frage eine Frau, die neben mir steht, nach der richtigen Haltestelle. Und siehe da, mein Mann hatte recht mit der Station. Die Frau hat einen leichten russischen Akzent. Sie ist etwa Mitte fünfzig und trägt einen aparten Mantel. »Sind Sie Russin?«, frage ich.

»Russische Jüdin«, sagt sie.

»Polnische Jüdin«, erwidere ich.

Ich muss über mich selbst staunen. Ich spreche fast nie Fremde an. Aber binnen Minuten finden wir heraus, dass wir fast Nachbarn sind. Sie sagt, sie heiße Galina.

Das erschreckt mich ein bisschen. Den Namen Galina habe ich in meinem Buch »Immer noch New York« als Alter Ego für meine russische Fußpflegerin verwendet, die ich mit der Aussage zitiert habe, sie möge Sex nicht. Die wenigsten Frauen, vor allem verheiratete Frauen, erzählen einem, dass sie Sex nicht mögen. Meine russische Fußpflegerin beharrte felsenfest darauf, dass sie Sex nicht mag. Jetzt habe ich Schuldgefühle, als hätte ich Galina mit dieser Aussage zitiert und nicht meine Fußpflegerin unter Tarnnamen.

Kurz bevor ich umsteige, schreibe ich meinen Namen und meine E-Mail-Adresse auf einen Papierschnipsel. Und ihre E-Mail-Adresse auf einen anderen Papierschnipsel. Das kommt mir sehr wagemutig vor. Wie etwas, was einem leichter fällt, wenn man Teenager ist oder um die zwanzig oder dreißig. Mit fast siebzig fällt es viel schwerer, neue Freundschaften zu schließen. Ich meine, enge Freundschaften. Freunde und Freundinnen, mit denen man über alles sprechen kann.

Den ganzen Tag über denke ich immer wieder an Galina. Am späten Nachmittag schicke ich ihr eine Mail. Sie antwortet gleich. Wir verabreden uns zum Abendessen in der kommenden Woche.

Sie schreibt, dass sie und ihr Mann am East River Rad fahren. Sie fährt ein Dreirad. Dreirad? Seit Jahren spiele ich mit dem Gedanken, mir eins zu kaufen. Die Befürchtung, damit idiotisch auszusehen, hat mich bislang davon abgehalten. Galina schickt ein Foto von ihrem Dreirad. Sie schreibt, wir könnten zusammen den East River entlangfahren.

Ich gehe ins Internet und finde das Dreirad. Ein Sonderangebot. Ich bestelle es.

Alt sind nur die anderen

Ein Besuch im Apple Store in SoHo. Der Laden war sehr voll. Es war sieben Uhr abends. Die Leute standen Schlange und warteten darauf, dass ein Apple-Mitarbeiter ihnen half, ihre Probleme mit ihrem MacBook, ihrem iPad oder ihrem iPhone zu lösen. Ich zuckte zusammen, als ich merkte, dass ich die älteste Kundin im Laden war. Ich bin nicht neunundneunzig. Bis vor wenigen Wochen war ich noch keine siebzig. Zwei Apple-Mitarbeiter kamen auf mich zu. Zwei junge Männer. Offenbar hatte ein Blick auf mich genügt, um ihnen klarzumachen, dass sie zu zweit sein mussten, um mir zu helfen.

Ich brauchte Hilfe, um mein neues iPad einzurichten. Ich musste sichergehen, dass alle Daten von meinem alten iPad auf mein neues übertragen wurden. Die beiden jungen Männer setzten mich auf eine Bank und erteilten mir einfache Anweisungen für den Einstieg.

»Sehr gut«, sagten sie, nachdem ich den ersten unkomplizierten Schritt getan hatte. »Sehr gut.« Sie sagten das in dem Ton, in dem man mit einer Dreijährigen sprechen würde. »Wirklich sehr gut«, wiederholten sie unisono bei allen weiteren Schritten.

Ich hatte den Eindruck, als würden andere Kunden mich unfreundlich beäugen und sich fragen, warum ich zwei Apple-Mitarbeiter in Beschlag nahm. Das Setup war fast beendet, als einer der beiden sich entschuldigte. Er klang gequält. Als wäre er ein Herzchirurg, der mitten in einer komplizierten Operation den OP verlässt. Doch seine Verlobte hatte Geburtstag. »Sie machen alles sehr gut«, sagte er zum Abschied.

Zu guter Letzt war mein neues iPad eingerichtet. »Gute Arbeit«, sagte der andere Mitarbeiter. »Es war mir ein Vergnügen, Ihnen zu helfen«, fügte er hinzu. Mittlerweile kam ich mir vor wie ein Überbleibsel aus dem Paläolithikum. Auf dem Heimweg ging ich doppelt so schnell wie sonst, als wollte ich mir beweisen, dass ich noch kein Fall fürs Altersheim war.

Ich komme mir nicht alt vor. Es fällt mir schwer, mich alt zu fühlen. Vor Kurzem wurde ich siebzig, und mir ist nicht ganz klar, wie ich in einer solchen Blitzgeschwindigkeit dieses Alter erreichen konnte. Alles in allem kommt mein Alter mir sehr unbestimmt vor.

Am nächsten Tag war ich in Midtown an der Lexington Avenue. Ich wartete auf den Hampton Jitney, einen Fernbus, der zwischen Manhattan und South Fork und North Fork von Long Island verkehrt.

Die Hamptons auf South Fork sind Wohnsitz vieler Berühmtheiten und Jachtbesitzer. North Fork ist ländlicher und in meinen Augen attraktiver. Der North-Fork-Jitney verspätete sich. Ich rief das Busunternehmen an. »Wo bleibt der Bus?«, fragte ich. »Es regnet, und mehrere ältere Leute warten auf den Bus.« Ich erfuhr, dass der Bus in zehn Minuten kommen werde. Und plötzlich dämmerte mir, dass ich genauso alt bin wie die Leute, die ich als »älter« bezeichnet habe.

Letzten Monat sprang mein sechs Jahre alter Enkel, der aus San Francisco zu Besuch war, um fünf Uhr morgens zu mir ins Bett. »Warum sind deine Arme so schwabbelig?«, fragte er. »Weil ich älter bin«, sagte ich.

Peinliche Themen im Wartezimmer

Eine dreiundneunzigjährige alte Dame kam in meine Lieblingsschreibwarenhandlung Stevdan an der Sixth Avenue. Dass sie dreiundneunzig war, weiß ich, weil sie es dem Kassierer erzählt hat. Sie sagte, sie wolle einen Terminkalender für 2017 kaufen, mit einer Seite für jeden Tag. Ich sah zu, wie sie darin blätterte. Ich war wie gebannt. Gebannt von ihrer Zuversicht, dass sie nicht nur das Jahr 2017 erleben, sondern auch viel zu tun haben würde. Sie hatte zweifellos viel vor.

Mir fällt es schwer, langfristig zu planen. Und das liegt nicht etwa daran, dass ich inzwischen siebzig bin. So war ich schon als Vierzigjährige. Mir ist zumute, als würde ich das Schicksal herausfordern, wenn ich Pläne mache, die weiter als einige Monate in die Zukunft reichen.

Dass ich einen Newsletter von WebMD – einer auf Gesundheitsthemen spezialisierten Website – abonniert habe, macht die Sache nicht besser. Abonnieren Sie den nie. Jeden Tag erhalte ich E-Mails mit Betreffzeilen wie »Hässliche Infektionen, die man sich nicht einfangen will« oder »Überraschende Möglichkeiten, der Leber zu schaden« oder »Leiden Sie an Anämie, ohne es zu wissen?«. »Die beste und die ungünstigste Ernährung für gesunden Schlaf«, das klang verlockender. Ich bin ein schrecklich schlechter

Schläfer. Wenn Sie es auch sein sollten, dann sind offenbar warme Milch, Bananen und Honig der beste Garant für einen guten Schlaf. Von Hamburgern und Schokolade wird abgeraten. Ich könnte mir sowieso nicht vorstellen, nachts im Bett zu sitzen und einen Hamburger zu essen. Eher vielleicht ein Stück Schokolade.

Ich saß im Wartezimmer meines Zahnarztes und checkte meine E-Mails. Das Thema des Newsletters des Tages lautete: »Kann man richtig und falsch furzen?« Offenbar kann man das. Wie könnte man einer solchen Mail widerstehen? Vielleicht hat man, wie WebMD es ausdrückt, seit Jahrzehnten falsch gefurzt.

Eine Frau, die neben mir saß, schielte auf mein iPhone. »Ich kriege diesen Newsletter auch«, sagte sie. Ich nickte. Ich sagte nichts. Ich wollte das Thema Furzen nicht vertiefen. Schon gar nicht im Wartezimmer des Zahnarztes.

Die New Yorker tauschen verblüffend bereitwillig persönliche Informationen aus. In dieser Stadt sind Informationen eine Art Währung. Informationen über alles und jedes: Informationen über Immobilien, Scheidungsgesetze, Hundeernährung, die befremdlichen oder sonderbaren Gewohnheiten des eigenen Partners. In einem Käsegeschäft hat mir einmal ein katholischer Priester erzählt, wie man für dreißig Priester Nudeln kocht. Ich war fasziniert, obwohl ich mir dachte, dass ich auf diese Information wohl nie zurückgreifen würde.

Ich steckte mein iPhone in die Handtasche, nahm eine Zeitschrift zur Hand und nickte der Frau neben mir noch einmal zu. Sie war noch immer in Plauderlaune. »Eben habe ich einen *Squatty Potty* gekauft«, sagte sie. Einen *Squatty Potty*? Ich traute mich nicht mal zu fragen, was das sein mochte. Zum Glück wurde sie aufgerufen.

Den *Squatty Potty* habe ich sofort gegoogelt. Es ist eine Art Hocker um den Fuß der Toilette herum, auf dem man die Beine in eine hockende Haltung bringt, was, wie die Reklame verspricht, »den Dickdarm öffnet und entspannt«. Noch bevor ich die Zahnarztpraxis verließ, hatte ich einen *Squatty Potty* bestellt.

Im Zweifel eher glücklich

Bis zum Februar haben wir alle einander dutzendmal ein »gutes neues Jahr« gewünscht. Als die letzten Glückwünsche langsam verklangen, las ich in einem Zeitungsartikel, die US-Gesundheitsbehörde habe herausgefunden, New York stehe auf der Liste der zehn unglücklichsten Städte der USA an erster Stelle.

Das war ein Schock. Ich wusste, dass das nicht stimmen konnte. Ich fragte einen sehr cleveren jungen Freund nach seiner Meinung. Er sagte, es könne ganz gewiss nicht wahr sein. Er zählte eine beeindruckende Reihe von Statistiken auf, darunter die der niedrigen Arbeitslosenrate und Kriminalitätsrate der Stadt. Wenn die New Yorker so unglücklich wären, fügte er hinzu, wie käme es dann, dass die Bevölkerung der Stadt so schnell wachse?

Ich sah mir die Studie genauer an. Und sofort erkannte ich den Pferdefuß an der Sache. Die erhobenen Daten waren das Ergebnis von Befragungen. Kein New Yorker mit einem Minimum an Selbstachtung würde jemals zugeben, dass er glücklich ist. Wir beklagen uns für unser Leben gern. Wir beklagen uns gern über unsere Stadt, unsere Arbeit, unsere Stimmung und unsere Gesundheit. Wir beklagen uns ständig, ob wir nun fünfundzwanzig oder fünfundachtzig Jahre alt sind.

Auch ich beklage mich ständig. Und es stört mich nicht, dass andere sich beklagen. Eigenartigerweise kommt es mir so vor, als würde man andere Leute näher kennenlernen, wenn man sich ihre Klagen anhört.

Mein Vater aber beklagt sich nie. Im vergangenen Juli feierte er seinen hundertsten Geburtstag. Er freut sich immer, wenn er mich sieht. Und er ist immer fröhlich. Er ist ein wunderbares Vorbild dafür, wie man in Würde alt werden kann. Ich weiß, dass ich nicht wie er sein würde, sollte ich jemals ein so hohes Alter erreichen. Ich habe meine Kinder schon vorgewarnt, dass ich sehr nörgelig und beschwerdefreudig sein werde.

Die Feier zu seinem hundertsten Geburtstag hat meinem Vater viel Spaß gemacht. Er war hingerissen von dem Zauberer, den wir für einen Auftritt engagiert hatten, und klatschte ebenso begeistert wie die sechs seiner acht Urenkel, die bei dem Fest anwesend waren. Und er aß mindestens ein Viertel der üppigen Sachertorte, die per Luftfracht für ihn aus Wien geschickt worden war. Ich kam zu der Erkenntnis, dass es wenig Sinn hat, einem Hundertjährigen zu erklären, er esse zu viel Kuchen.

Mein Vater ist jemand, der jeden Grund hätte, nicht viel Freude zu empfinden. Er war mehr als fünf Jahre in einem Nazi-Ghetto, dann in einem Arbeitslager und in einem Todeslager interniert. Der Großteil seiner Verwandtschaft wurde ermordet. Aber seit ich ihn kenne, hatte mein Vater fast immer einen fantastischen Appetit, eine große Vorliebe für schöne Frauen und einen herrlichen Sinn für Humor.

Mit Ende achtzig zog mein Vater nach New York. Es gefiel ihm, dass wildfremde Leute uns anlächelten und sagten: »Wie nett!«, wenn ich mit ihm Kleidung kaufen ging.

Mir will scheinen, dass es New Yorker glücklich macht, kleine, fast unauffällige Dinge mitzuerleben – wenn beispielsweise eine Tochter mit ihrem alten Vater Kleidung oder Schuhe kauft, ganz alltägliche Dinge. New Yorker sind definitiv nicht unglücklicher als andere Menschen. Sie geben vielleicht nicht gern zu, dass sie glücklich sind, aber wenn man hier lebt, kann man es spüren.

Großstadtleben

Die meisten von uns halten das Leben auf dem Land für gesünder. Ich nicht. Bringen Sie mich in die Nähe eines Baums und ich fühle mich unwohl und muss niesen. Auch Wiesen, Hügel und Täler sehen für mich alle gleich aus. Ich könnte den Unterschied zwischen einem Pferch und einer Prärie nicht benennen. Und es fällt mir schwer, einen Baum vom anderen zu unterscheiden.

Hingegen beruhigt mich die Nähe zu Notfallkliniken und Krankenhäusern. Nicht, dass ich das dringende Bedürfnis hätte, eins davon aufzusuchen, mich beruhigt nur das Wissen, dass es sie gibt. In New York haben wir an beiden Einrichtungen keinen Mangel, obwohl ich für kurze Zeit erwogen habe, nach Seattle zu ziehen, nachdem ich vor einigen Jahren gelesen hatte, dass die Rettungsdienste in Seattle die schnellsten in den ganzen Vereinigten Staaten seien.

Ich liebe Städte. Ganz besonders dicht bevölkerte Städte wie New York. In New York muss man sich keine Gedanken darüber machen, wie alt man ist. Was mich, seit ich letztes Jahr siebzig wurde, zunehmend beschäftigt. Zu einer vielfältigen kleinen oder großen Menge von Leuten zu gehören hat etwas Altersloses. Man nimmt Teil an einem gemeinschaftlichen Erleben, das nichts mit dem eigenen Alter oder dem Alter der anderen zu tun hat.

In der U-Bahn-Station an der Second Avenue sah ich eine große braune Ratte gemächlich auf den Gleisen hin und her wandern. Ein Dutzend Leute beobachteten die Ratte ebenfalls. Wir sahen zu der Ratte, sahen einander an und sahen wieder zu der Ratte. Eine junge Frau trat einige Schritte zurück. Ich nicht.

Ich habe keine Angst mehr vor Ratten. Die Angst verlor ich, als ich las, dass die braunen New Yorker Ratten nicht besonders angriffslustig sind. Es dauert zwei Tage, bis sie sich an neue Dinge oder an ungewohnte Nahrung herantrauen. Und ich habe gelesen, dass sie nicht länger als ein Jahr leben und sich nicht weiter als zweihundert Meter von ihrem Geburtsort entfernen. Solche Informationen können einem eine völlig neue Sicht auf Ratten vermitteln.

In New York gibt es jede Art von Ablenkung. Letzte Woche entdeckte ich einen Billigladen im Souterrain einer ehemaligen Synagoge, die inzwischen ein buddhistischer Tempel ist. Diese Verbindung zwischen religiösen Überzeugungen fand ich aufregend, aber dann ging ich in den Laden im Souterrain.

Dort gab es Lebensmittel, Waschmittel, Papierwaren, Süßigkeiten, Kleidung, Schuhe und verschiedene Brautkleider, und die Regale waren bis obenhin mit billigen und farbenfrohen Gefäßen und Küchenutensilien aus Plastik vollgepackt. Ich hätte am liebsten stundenlang herumgestöbert, aber in meiner Küche gibt es bereits mehr als ein Dutzend Eierschneider, Rührlöffel und Kartoffelpressen aus Plastik. Die habe ich alle in einer kleinen Bergstadt in Mexiko gekauft. Ich weiß nicht so recht, warum ich so viele Kartoffelpressen gekauft habe. Ich mache nie Kartoffelpüree.

Ich ging beschwingt nach Hause, zum Klang von buddhistischen Gesängen, in die sich das Hupen von Taxis mischte.

Kleine Erlebnisse

Meine glücklichsten Erinnerungen setzen sich aus kleinen Erlebnissen zusammen. Vielleicht liegt es daran, dass ich nicht mehr vierzig, fünfzig oder auch nur sechzig Jahre alt bin, dass ich diese kleinen Erlebnisse immer mehr zu schätzen weiß. Eine Großstadt wie New York bietet eine überraschende Bandbreite solcher Momente.

In dieser geschäftigen und ruhelosen Metropole fallen kleine Erlebnisse besonders ins Gewicht. Vor einigen Jahren traf ich mitten in der morgendlichen Rushhour auf der Sixth Avenue auf meine Tochter. Wir waren beide so verblüfft und so glücklich über diese unerwartete Begegnung. Wir umarmten uns, während die anderen an uns vorbeieilten. Sie war auf dem Weg zur Arbeit, und ich warf ihr Kusshände nach, bis sie im Eingang der Subway verschwand.

In einer Stadt mit achteinhalb Millionen Einwohnern sind die Aussichten gering, zufällig der eigenen Tochter zu begegnen. Etwa einer von achtunddreißig Staatsbürgern wohnt in New York. Auf jede Quadratmeile kommen siebenundzwanzigtausend Menschen. Trotzdem hat man in dieser Stadt keine Chance auf Anonymität. Meiner Literaturagentin bin ich zufällig in einem Wäschegeschäft begegnet. Wenn ich Büstenhalter anprobiere, bekomme ich immer Bluthochdruck und einen roten Kopf. Ein Wäschegeschäft ist nicht der Ort, den man sich aussuchen würde, um sich mit seiner Literaturagentin zu unterhalten. Schon gar nicht, wenn es in dem Gespräch um den neuen Roman geht, der noch nicht fertig ist.

Und an einer besonders passantenreichen Stelle der 14th Street bin ich jemandem über den Weg gelaufen, mit dem ich nichts zu tun haben wollte.

Aber es gibt auch die kleinen, fast unmerklichen Erlebnisse, die einen in der Stadt mit den anderen Leuten verbinden – die wortlose Toleranz und das Akzeptieren des Umstands, dass alle im Sommer auf einem drückend heißen oder im Winter auf einem eisig kalten Bahnsteig warten.

Und wir haben fast alle einen Begriff von den kleinen und großen Eigenheiten unserer Stadt. Neulich sah ich eine wunderschöne junge Ballerina in einem plusterigen rosa Tutu und mit rosa Ballettschuhen die Houston Street an einer relativ schmutzigen Stelle überqueren. Niemand außer mir fand das bemerkenswert. Außer mir war auch niemand davon fasziniert zu sehen, wie ein Hund in einem Park in der Lower East Side fotografiert wurde. Der Hund war ein Profi.

Sagte der Fotograf: »Kopf nach links«, wandte der Hund den Kopf nach links. Der Hund blickte auf Kommando nach links, nach rechts oder geradeaus. Er konnte auch das Kinn anheben oder nachdenklich zu Boden schauen. Nachdenklich zu schauen kann für einen Hund nicht leicht sein.

Manche kleinen Erlebnisse sind größer als andere. Als mein Mann mich anrief und sagte, er wolle mich heiraten, hatte ich sechzehn tiefgefrorene Fasane in der Badewanne. Sie hätten frisch geliefert werden sollen, nicht tiefgefroren. Sechzehn gefrorene Fasane zum Auftauen in der Badewanne können einen ganz schön aus der Fassung bringen. Und ich erwartete zweiunddreißig Gäste zum Abendessen.

»Ich liebe dich«, sagte er. »Ich will dich heiraten.« Ich sagte nichts mehr über die Fasane. Sie waren nicht mein größtes Problem. Ich hatte ein größeres Problem: Ich war mit jemand anderem verheiratet.

Fasan habe ich nie wieder zubereitet.

Geografische Zwischenfälle

Die Freude am Spazierengehen habe ich erst spät im Leben entdeckt. Mit Anfang vierzig. Ich bin mit einem Vater aufgewachsen, der nie zu Fuß ging. Er wäre einen halben Häuserblock weit gefahren, um Milch zu holen, und ich tat das Gleiche, bis ich nach New York zog. Wer in New York lebt, ist mehr oder weniger gezwungen, zu Fuß zu gehen. Man kann nicht einfach ins Auto steigen und irgendwohin fahren. Man käme nie an, und wenn, dann könnte man seinen Wagen nirgends abstellen. Für Spaziergänger ist die Stadt ein wahres Eldorado. Die Straßen sind eine Theaterbühne mit ständig wechselndem Programm. Alle paar Schritte taucht eine neue Szenerie auf. Alles ist in ständiger Bewegung. Autos, Leute, Busse. Die Leute gehen in unterschiedlicher Geschwindigkeit, jeder im eigenen Tempo.

Und dann ist da noch die Geräuschkulisse. Eine beinahe melodische Abfolge von Taxihupen, dem leisen Brummen der Metro, der Leute, die lachen, reden oder singen, je nachdem, welche Musik sie gerade hören, und der Sirenen von Rettungswagen oder Feuerwehrfahrzeugen. Diese Choreografie von Geräuschen und Bewegung könnte einem chaotisch oder verstörend vorkommen. Aber das ist sie nicht. Sie hat eine symphonische Synergie, eine fein synchronisierte Ordnung, die fast so eingespielt funktioniert wie die wunderbare Arbeit eines kardiovaskulären Systems. Auch der visuelle Aspekt der Stadt trägt zu diesem Eindruck bei. Überall wimmelt es von Schildern, Anzeigetafeln und Hinweisen.

Mein Zahnarzt hielt oft mitten in einer der schwierigen Prozeduren inne, denen ich mich bei ihm unterziehen muss, und sagte: »Ich hätte besser Gerüstbauer werden sollen.« Er blickte dann ein wenig wehmütig aus dem Fenster zu dem Baugerüst an einem Gebäude. Das stand dort seit Jahren, obwohl die Bauarbeiten nicht ansatzweise begonnen hatten. Ich versuchte, nicht daran zu denken, dass mein Zahnarzt aus dem Fenster sah und nicht in meinen Mund. Oder daran, dass er lieber Gerüstbauer geworden wäre als Zahnarzt.

Die Symmetrie der meisten Straßen New Yorks, die im Schachbrettmuster angelegt sind, erleichtert es Leuten wie mir, sich nicht zu verirren. Ich kann mich überall verlaufen, sogar im Flugzeug. Wenn ich auf die Toilette gehe, fällt es mir danach schwer, meinen Sitzplatz wiederzufinden.

Auch die Geografie bereitet mir Schwierigkeiten. Mein Mann hat mir zahlreiche Landkarten von Europa aufgemalt, und dennoch frage ich ihn immer wieder, ob Italien eine Küste mit Kroatien teilt oder Hamburg in der Nähe von Ungarn liegt. Mein jetziger Psychoanalytiker – ich hatte drei – vermutet, meine Probleme mit der Geografie könnten damit zusammenhängen, dass meine Eltern in den Todeslagern der Nazis interniert waren und dass die Landkarte Europas deshalb so chaotisch und verwirrend auf mich wirkt. Jahrelang habe ich mit dem Gedanken geliebäugelt, Hitler die Schuld an meinem geografischen Unvermögen zu geben. Aber wenn ich es recht bedenke, kann ich ihn eigentlich nicht dafür verantwortlich machen, dass ich mich im Hotel sofort verirre und den Weg zu meinem Sitz im Flugzeug nicht mehr finde.

Sie sucht ihn

Spiegel mag ich nicht. Ich versuche sie zu meiden. Mein Mann sagt, ich hätte keine Ahnung, wie ich aussehe, weil ich jedes Mal, wenn ich in einen Spiegel sehe, die Stirn runzle und Grimassen schneide. Und dennoch verbringe ich, bevor ich rausgehe, viel mehr Zeit vor dem Spiegel, um mich herzurichten, als mein Mann es tun würde.

Wie kommt es, dass wir Frauen uns ungeachtet unseres Alters die Haare frisieren, auf unser Gewicht achten, schmeichelnde Kleidung tragen, uns parfümieren, eincremen und desodorieren müssen, um attraktiv zu wirken oder einen Ehemann zu finden, während Männer aus dem vorletzten Loch pfeifen können und immer noch als begehrenswert gelten?

In den USA – und ich fürchte, das gilt für die meisten westlichen Länder – haben ältere Männer wesentlich bessere Heiratsaussichten als ältere Frauen. Neueren Statistiken lässt sich entnehmen, dass etwa 75 Prozent der Männer im Alter zwischen 65 und 74 verheiratet sind im Unterschied zu 58 Prozent der Frauen selben Alters.

Der Prozentsatz verheirateter Männer im Alter von 74 bis 85 verringert sich nicht, während der Anteil verheirateter Frauen in dieser Altersgruppe auf 42 Prozent abstürzt.

Und es kommt noch schlimmer. 60 Prozent der Männer im Alter von über 85 Jahren sind verheiratet, aber nur 17 Prozent der Frauen dieser Altersgruppe.

Wie kommt es, dass Männer im Unterschied zu Frauen offenbar kein Verfallsdatum haben? Das Verfallsdatum der Männer scheint erst mit ihrem Tod einzutreten.

Männer heiraten nach wie vor jüngere Frauen. Das war schon immer so – und ich freue mich jedes Mal, wenn ich erfahre, dass ein älterer Mann eine Frau ungefähr seines Alters heiratet. Frauen wiederum neigen dazu, Männer zu heiraten, die älter sind als sie selbst. Und Frauen leben länger. Aber all das kann die auffälligen Diskrepanzen hinsichtlich des Familienstandes nicht erklären.

New York ist eine Stadt, von der es heißt, es sei schwierig für alleinstehende Frauen, hier einen Mann zu finden. In New York gibt es einen Überschuss von annähernd 4000 Frauen. Bei einer Einwohnerzahl, die größer ist als die der Bevölkerung Australiens, sollte diese Zahl nicht ins Gewicht fallen.

Die Hälfte der New Yorker spricht zu Hause eine andere Sprache als Englisch. In dieser Stadt werden mehr als zweihundert Sprachen gesprochen. Man sollte meinen, bei all dieser Vielfalt wäre es für ältere Frauen nicht schwieriger als für ältere Männer, einen Partner zu finden. Aber es ist schwieriger.

Natürlich sind nicht alle Frauen auf der Suche nach einem Partner. Eine meiner älteren Freundinnen ist achtzig und verwitwet. Zum ersten Mal nach dem Tod ihres Mannes begegnete ich ihr bei einem Lunch in East Village.

Ich hatte mir Sorgen um sie gemacht. Sorgen, dass sie niedergeschlagen und dünnhäutig sein würde.

Aber bevor ich sie erkannte, umarmte sie mich bereits. Sie hatte eine neue Frisur, neue Kleidung und wirkte so quicklebendig, wie ich sie nie zuvor erlebt hatte. »Mir geht es fantastisch«, sagte sie. Sie lud mich für die folgende Woche zum Abendessen ein. »Ich lade jetzt Leute ein, die Norbert nicht ausstehen konnte«, fügte sie hinzu. Norbert war ihr vor Kurzem verstorbener Ehemann. Ich musste lachen, weil ich die Vorstellung eines solchen Abendessens lustig fand – nicht, weil Norbert mich offenkundig nicht hatte leiden können.

Ich liebe meine Dusche

Meine Dusche ist ganz neu. Ich liebe sie. Eine neue Dusche ist nichts, worüber New Yorker aus dem Häuschen geraten. Wenn man einen Balkon, eine schöne Aussicht, einen Garten oder ein Schlafzimmer sein eigen nennt, das größer ist als eine Streichholzschachtel, dann kann man hier mit aufmerksamen Zuhörern rechnen. Immobilien sind für New Yorker schließlich jederzeit ein unerschöpfliches Thema. Aber eine Dusche? Eher nicht.

Ich aber liebe meine neue Dusche. Ich finde sie geradezu übertrieben großartig. Normalerweise hänge ich nicht an materiellem Besitz. Meine Zuneigung gilt in der Regel Menschen. Es macht mir nichts aus, wenn jemand bei mir ein Glas oder einen Teller zerbricht, eine Vase zerstört oder ein paar gut sichtbare Kratzer auf meine Arbeitsplatte macht. Und ich freue mich, alles, wirklich alles zu teilen, was ich besitze. Bis auf meine neue Dusche. Zum Glück haben wir zwei Badezimmer. Ich habe diese Dusche nicht ausgesucht. Das tat der Bauleiter, der die Wohnung renoviert hat. Er ist ein großer, mächtiger, bulliger Mann. Er wollte wissen, was für eine Dusche ich haben will. Ich sagte, ich wolle eine Standdusche. Auf jeden Fall eine Standdusche! Wenn man über sechzig ist, tut man gut daran, nicht in eine Badewanne steigen zu müssen, um zu duschen.

Diese Dusche ist keine gewöhnliche Dusche. Sie kann Dinge, die andere Duschen nicht können. Sie hat ein Edelstahlduschpaneel mit digitaler Thermostatarmatur, sechs verstellbare Massagestrahlen, einen schwenkbaren Multifunktionsbrausekopf, eine Handbrause mit chrombeschichtetem Brauseschlauch und einen beschlagfreien Spiegel. Kein Wunder, dass ich fasziniert war. Obwohl ich auf den beschlagfreien Spiegel verzichten könnte. Ich lege keinen Wert darauf, mich unbekleidet im Spiegel zu betrachten. Und wenn man über sechzig ist, macht es ohnehin kein Vergnügen, sich nackt zu sehen. Vor allem nicht mit einer Lesebrille auf der Nase. Ach ja: Meine Dusche hat auch noch ein Dreiwegeumstellventil. Ich weiß zwar nicht, was das bedeutet, aber es klingt beeindruckend und ist möglicherweise wichtig.

Die Dusche sieht auch sehr beeindruckend aus. Wenn jemand sie sieht, fühle ich mich genötigt zu erklären, dass ich sie nicht ausgesucht habe. Und dass der Bauleiter sie zu einem guten Preis bekommen hat. Ich möchte nicht als jemand gelten, der unbedingt so eine Angeberdusche haben muss. Ich sage auch niemandem, wie sehr ich die Dusche liebe, damit man mich nicht für schrecklich oberflächlich hält.

Der Bauleiter hat den Thermostat auf genau die für mich richtige Temperatur eingestellt. Jetzt dusche ich beglückt mit Wasser, das weder zu heiß noch zu kalt ist. Und bin voller Bewunderung für alles, was diese Dusche kann. Aber ich begnüge mich damit, unter dem Brausekopf zu duschen. Ich bin viel zu nervös, seine diversen Funktionen auszuprobieren oder die Handbrause zu benutzen oder mich gar an die Sonderfunktionen zu wagen.

Bloß keine Panik!

Seit fast dreißig Jahren lebe ich nun schon in New York. Ich liebe diese Stadt. Aber wie in allen Liebesbeziehungen, flüchtigen oder auch lebenslangen, gibt es schwierige Phasen. Phasen, in denen man dem anderen alles zum Vorwurf macht. Oder schlimmer, Phasen, in denen man nicht mehr weiß, warum man ihn je geliebt hat.

So ist es auch mit New York. An manchen Tagen macht die Stadt mich schier wahnsinnig. Der Lärm kommt mir lauter vor, der Verkehr chaotischer. In den Straßen drängeln die Passanten. Im vergangenen Jahr hatte New York sechzig Millionen Besucher. Das ist so, als hätte man die gesamte Bevölkerung Italiens in einem Jahr zu Besuch.

Sich nicht allein fühlen zu müssen, ist einer der Gründe, warum immer mehr Menschen über sechzig in der Stadt wohnen. In früheren Jahrzehnten bedeutete das Rentenalter, dass man nach Florida ging oder in einen Vorort umzog. In New York ist es kaum möglich, allein zu sein. Wer das Haus verlässt, kann damit rechnen, dass er früher oder später angesprochen wird.

Die meisten New Yorker stammen nicht aus New York. Ich bin von Australien hergezogen. Es war nicht mein Wunsch; es war der Traum meines Ehemanns, hier zu leben.

Die ersten ein, zwei Jahre fühlte ich mich elend. Mir fehlten meine Freunde. Mir fehlten sogar Leute, die ich nicht ausstehen konnte. Für mich scheint es zu einem erfüllten Leben zu gehören, dass man Leute kennt, die man nicht ausstehen kann. Doch dann habe ich mich fast unmerklich in die Stadt verliebt.

Neuankömmlinge werden in dieser Stadt schnell zu New Yorkern. Sie nehmen viele der typischen Charakterzüge eines New Yorkers an. Wir reden viel. Wir streiten viel, aber hier ist es in Ordnung, abweichende Meinungen zu äußern. Und wir geraten nicht schnell in Panik.

Vor etwa einem Jahr explodierte an der West 23rd Street eine aus einem Dampfkochtopf selbst gebaute Bombe. Zum Glück wurde niemand ernsthaft verletzt. »Bombenattentat in Chelsea« lautete die Schlagzeile an allen Zeitungskiosken. Ich erzählte einer zweiundachtzigjährigen Freundin von dem Bombenattentat. Ihre Reaktion bestand darin, dass sie mir mitteilte, dieser Abschnitt der 23rd Street gehöre nicht zu Chelsea.

Die Twitterreaktionen auf die Nachricht fielen ähnlich aus. Kommentare wie »Bitte verbreiten Sie keine falschen Informationen über die Bombe. Es handelt sich nicht um Chelsea« oder »Liebe Medien, 23rd Street und 6th Avenue sind Flatiron, nicht Chelsea« waren keine Seltenheit. Ich musste herzlich lachen. Allerdings nicht über die Bombe. Ich lachte über die Gelassenheit der Leute. Und darüber, dass wir unseren Humor nicht verlieren und uns von hasserfüllten Attentatsversuchen nicht einschüchtern lassen.

Ich gerate schnell in Panik. Bei jedem Anlass. Aber etwas von der New Yorker Gelassenheit hat auf mich abgefärbt. Ich bin ruhiger als früher. In New York zu leben hat mir eindeutig gutgetan.

Meine Glücksquelle

Mein erster Job? Rockjournalistin. Ich interviewte Musiker wie Jimi Hendrix, The Who und die Rolling Stones für ein australisches Magazin. Dabei wusste ich nicht einmal, ob ich schreiben konnte. Und ich hatte noch nie eine Schreibmaschine oder ein Tonbandgerät benutzt. Ein echter Journalist, ein älterer Mann, der für eine Zeitung schrieb, gab mir einen Rat. »Das Wichtigste ist, immer mit einem guten ersten Satz zu beginnen«, sagte er. Diesen Rat nahm ich ernst. Ich fühlte mich nun meinem Leben als Rockjournalistin eher gewachsen.

Damals unterhielten eine Freundin und ich uns über die Ehe. Wir waren neunzehn. Keine von uns war verheiratet. Ich ließ mich gerade zum Thema Liebe aus, als sie mich ansah und sagte: »Wenn du die Art, wie er isst, nicht ausstehen kannst, dann ist die Ehe in Gefahr.« Dieser Gedanke hat sich meinem Gedächtnis eingeprägt.

Ich bin seit vielen Jahren verheiratet. Wir haben uns gefühlt hundertdreitausendachthundert Mal essen sehen. Ich hatte nie etwas gegen die Art, wie er isst. Obwohl ich mich von Zeit zu Zeit während der Mahlzeit vergewissere, dass alles so ist wie immer.

Jeder gibt gern Ratschläge. Vor allem die New Yorker. New Yorker erzählen einem, welche Subway-Linien man besser meidet, wo es die besten Bagels oder Pizzen gibt, welche Filme man sehen sollte, geben endlose Ratschläge zur Politik und zum Wetter.

Mein Arzt hat mir erzählt, dass es bei »Doughnut Plant« in der Lower East Side die besten Doughnuts von New York gibt. Das erzählte er, während er meinen Blutdruck maß. Ich hatte die Rede nicht auf Doughnuts gebracht. Ich konzentrierte mich, ruhig zu atmen, um meinen Blutdruck zu senken, obwohl ich keine Ahnung habe, ob ruhiges Atmen den Blutdruck senkt.

Ratschläge können irritierend sein. Mehr als einmal hat man mir empfohlen, weniger gestresst zu sein. Diese Empfehlung löst bei mir automatisch Stress und hohen Blutdruck aus. Stress scheint die Ursache vieler Leiden zu sein, ganz abgesehen von einer kürzeren Lebenserwartung. Dieses Wissen ist nicht hilfreich. Es hilft einem definitiv nicht, weniger gestresst zu sein.

Kleine Ratschläge können nützlich sein. Vor einigen Jahren saß ich mit einer Freundin, die Psychiaterin ist, beim Lunch und hatte gerade eine Litanei meiner Sorgen und Ängste heruntergebetet.

Einer der Vorteile einer solchen Freundin ist der, dass sie es gewohnt ist, Gejammer zu hören. Sie wartete einen Augenblick und gab mir dann einen der einfachsten Ratschläge der Welt. »Tu mehr Dinge, die dich glücklich machen, und weniger Dinge, die dich stressen«, sagte sie. Die Schlichtheit dieses Ratschlags verblüffte mich. Als Frau über sechzig hätte ich auch von selbst auf diese Idee kommen können.

Ihren Rat zu befolgen, erwies sich aber als schwierig. Ich musste mich erst daran gewöhnen, mehr Dinge zu tun, die mich glücklich machen. Meine Tochter war vor Kurzem von New York nach Seattle gezogen. Ich kaufte mir ein Ticket und flog zu ihr. Zweimal in zwei Monaten.

Und um mich noch glücklicher zu machen, kaufte ich Stifte, die ich meiner fast schon erschreckend großen Sammlung einverleibte. Stifte liebe ich seit meiner Kindheit. Und abgesehen von damals, als ich mit zehn Jahren beim Stifteklauen erwischt wurde, haben Stifte mich immer glücklich gemacht.

Der Hundehydrant

Nachdem ich einen Hydranten am West Broadway irrtümlich für einen Hund gehalten hatte, kam ich mir dämlich vor. Als unmittelbare Reaktion auf dieses Missverständnis suchte ich meinen Augenarzt auf.

Ich erklärte ihm, dass ich mich immer vor Hunden in Acht genommen hatte, dieser mir aber harmlos erschienen war. »Er war harmlos«, sagte er, »es war ein Hydrant.« Seine Antwort war nicht sehr hilfreich. Ich wusste bereits, dass dieser Hund kein Hund gewesen war, sondern ein Hydrant.

Der Augenarzt war der Ansicht, es sei allmählich Zeit, meinen grauen Star operieren zu lassen. Das hatte er mir seit drei oder vier Jahren regelmäßig geraten. Der Zwischenfall mit dem Hundehydranten schien ihm recht zu geben.

Ich war nervös, obwohl ich wusste, dass diese Operation einer der verbreitetsten chirurgischen Eingriffe in Amerika ist. Mein Augenarzt empfahl mir einen Augenchirurgen, der mehrere Tausend dieser Operationen durchgeführt hatte.

Der Augenchirurg sah aus wie ein blonder Teenager mit blauen Augen. Ich fragte ihn, wie alt er sei. Er war fünfunddreißig. Kein Teenager mehr, aber immer noch ziemlich jung. Ich schlug ihm vor, sich ein paar graue Haare wachsen zu lassen. »Wenn Sie richtig sehen könnten, wäre Ihnen aufgefallen, dass ich die schon habe«, sagte er. Das war ein typischer New-York-Dialog, unverblümt und mit hintersinnigem Humor.

Nachdem ich vor einigen Monaten einer großen grauhaarigen Frau zugewinkt hatte, weil ich sie für meinen Mann hielt, fasste ich schließlich den Entschluss, den grauen Star entfernen zu lassen.

Obwohl der Imbiss nach der Operation keine Offenbarung war, verlief die Operation selbst kurz und schmerzlos. Fast von einem Tag auf den anderen konnte ich wieder perfekt sehen. Ich war darüber hocherfreut, bis ich feststellte, dass perfekte Sehkraft auch ihre Nachteile hat.

Im Spiegel erkannte ich mich kaum wieder. Ich war viel blasser als gedacht. Außerdem hatte ich geglaubt, ziemlich sportlich auszusehen. Warum ich mir das vorgestellt hatte, weiß ich nicht. Denn eigentlich habe ich von Sport nicht die geringste Ahnung.

Nach der Operation musste ich ein, zwei Wochen eine Sonnenbrille tragen, weil meine Augen so lichtempfindlich waren. Ich hatte bisher nur selten eine Sonnenbrille benutzt. Ich kam mir wie eine ehemalige Berühmtheit vor, die noch nicht gemerkt hat, dass ihr Ruhm längst verblasst ist. Aber ich gewöhnte mich schnell an die Sonnenbrille. Ich fand, dass sie mich geheimnisvoller, interessanter machte. Von da an trug ich sie die ganze Zeit. Bis zu dem Abend, an dem ich vor einem alten Gebäude an der Van Dam Street stolperte und über ein paar Treppenstufen fiel. Mein erster Gedanke war, dass der Sturz mein neues Augenlicht ruiniert haben könnte, aber ich hatte mir zum Glück nur das Knie aufgeschürft.

Inzwischen habe ich mich an mein neues Augenlicht gewöhnt. Daran, dass ich in die Ferne sehen und ohne Brille lesen kann – und dass ich weiß, dass ich meinen Mann nie mehr mit einer großen grauhaarigen Frau verwechseln werde.

Ich gebe nicht mehr mit meinem Sehvermögen vor jedem an, den es interessiert, und vor einigen anderen, die es nicht interessiert. Ich habe mich auch daran gewöhnt, eine blasse Haut zu haben. Und ich habe seitdem nie wieder nachts oder im Supermarkt eine Sonnenbrille getragen.

Kleiderfragen

Es gibt einen Mann, der seit mehr als dreißig Jahren zu meinem Leben gehört. Wir treffen uns meistens in Hotelzimmern. Sobald er das Zimmer betritt, ziehe ich mich aus. Manchmal ist mein Ehemann dabei. Bevor Sie anfangen zu denken, wie schräg das ist, muss ich darauf hinweisen, dass dieser Mann mich liebt und ich ihn liebe. Unsere Beziehung ist außergewöhnlich. Wir sind beste Freunde. Und er, Graham, hat alle meine Kleider, Mäntel, Röcke, Blusen, Nachthemden und Morgenröcke geschneidert. Ich sollte nicht verschweigen, dass manche Leute meine Morgenröcke für Abendkleider halten. Das ist nicht meine Schuld. Es ist seine Schuld.

Im Laufe der Jahre habe ich oft die Stoffe selbst ausgesucht, und deshalb ist eines meiner Lieblingsviertel von New York eine nicht besonders aufregende Gegend, früher bekannt als Garment District, das einstige Modeviertel New Yorks. Mittendrin liegt *Spandex House*, ein Name, der klingt, als würden dort Sanitätsartikel verkauft, Hüftgürtel und dergleichen, doch *Spandex House* handelt mit Stretchgewebe.

Ich liebe Stretch. Man muss die Stoffe nicht bügeln und kann sie in eine Tasche oder einen Koffer quetschen. *Spandex House* führt Stretchstoffe aus Seide, Lurex, Baumwolle und Wolle.

Die Kundschaft ist immer interessant. Viele Turner, Tänzer, Athleten, Eiskunstläufer und Kostümbildner besuchen den Laden. Wegen der Stoffmengen, die ich kaufe, glaubt mir offenbar niemand, der dort arbeitet, wenn ich sage, dass ich nicht nähen kann. Ich kann aber nicht nähen. Ich kann nicht einmal einen Knopf annähen. Ich markiere die Stelle, an die der Knopf gehört. Ich konzentriere mich auf jeden einzelnen Stich, und dennoch endet der Knopf einen Kilometer von der Stelle entfernt, an die er kommen sollte. Ich schicke die Stoffe in jedes Land, in dem mein Freund Graham gerade ist – er unterrichtet Mode und Design und hat in Indien, Vietnam, Taiwan und Australien gearbeitet.

Graham führt Buch darüber, welche Kleidergröße ich jeweils habe. Ich habe ihn gebeten, dieses Wissen nicht mit mir zu teilen. Er entwirft neue Schnitte, je nachdem, ob meine gegenwärtige Kleidung eng anliegend sein soll, was oft vorkommt, oder bequem. Graham hat auch schon häufig Stoffe für mich gekauft. Stoffe, die zu kaufen mir nicht im Traum eingefallen wäre. Obwohl ich manchmal wagemutig oder vielleicht irregeleitet war und mir eingebildet habe, ich könnte Gold- oder Silberlamé tragen, waren manche der von Graham gekauften Stoffe in Farben, dass mir die Augen geschmerzt haben – mit verrückten Pflanzenmustern, psychedelischen Linien oder Ziermünzenbesatz. Er hat mein Aussehen verändert und mein eigenes Bild davon.

Er ist jünger als ich, aber ich habe oft den Eindruck, dass er vergisst, dass wir älter geworden sind. Neulich hat er mir ein Kleid mit Glitzereinsätzen geschickt. An Glitzer habe ich nicht mehr gedacht, seit ich mich als Teenager damit geschminkt habe. Jetzt glitzere ich, wenn ich spazieren gehe. Statt der gedämpften Grau- und Schwarztöne, die ich liebe, trage ich zurzeit einen textilen Wirbelwind aus Purpur, Grün, Gelb und Schwarz.

Die Stoffwahl ist so bunt, dass man sie für Verkehrsampeln nutzen könnte.

Sonne statt Sorge

Niemals möchte ich von einem Bus überfahren werden! Das hat viele Gründe, einer davon ist, dass es mich nicht danach gelüstet, in der *New York Times* zu stehen unter der Überschrift »Ältere Dame auf der Lexington Avenue überfahren«.

In der *New York Times* werden alle Leute über fünfundsechzig als »älter« bezeichnet. Und auf der Lexington Avenue gelingt es mir oft, gerade noch den Bus zu erwischen. Es ist nicht völlig auszuschließen, dass einer dieser Busse eines Tages jemanden überfährt. Und womöglich bin ich dieser Jemand.

Ich weiß auch nicht so recht, warum Leute ab fünfundsechzig als älter gelten, Leute mit vierundsechzig aber nicht. In Amerika werden alle, die fünfundsechzig und älter sind, Senioren genannt. Im Geschäftsleben deutet das Wort auf tolle Leistungen hin: Senior Consultant, Senior Partner, Senior Correspondent. Im Zusammenhang mit dem Älterwerden hat das Wort hingegen gar keine erfreuliche Bedeutung. Sondern deutet unmissverständlich auf ein bevorstehendes Verfallsdatum hin.

Über bevorstehenden Verfall mache ich mir genug Sorgen. Die zusätzliche Panik, die Ratschläge zum Altern in Zeitungen, Zeitschriften, TV- und Radiosendungen auslösen, bräuchte ich eigentlich nicht.

In der *New York Times* stehen regelmäßig Artikel darüber, wie man Fallstricke des Alters meidet. Dabei wird immer besonders betont, wie wichtig es sei, das Stressniveau zu senken. Wenn ich so etwas lese, schießen mein Adrenalinspiegel und mein Blutdruck in ungeahnte Höhen. Könnte ich das ändern, würde ich es tun, aber ich bin genetisch vorbelastet: Niemandem in meiner Familie wurde nachgesagt, ein gelassener Mensch zu sein.

Die *New York Times* wartet auch mit beunruhigenden Artikeln darüber auf, dass man schon seine jungen Jahre damit verbringen soll, sich aufs Alter vorzubereiten. Und veröffentlicht Artikel, in denen steht, wie man die eigene Beerdigung vorbereitet, Überschrift »Verschiebe nicht auf morgen, was du heute kannst besorgen«. Ich hatte diesen Artikel nur gelesen, weil in dem vorhergehenden Artikel die Rede davon war, dass in diesem Jahr einer von drei Senioren stürzen wird und dass alle elf Sekunden die Folgen eines Sturzes bei einem älteren Patienten behandelt werden müssen. Über die Vorbereitung für die eigene Beerdigung zu lesen nimmt sich nach der Lektüre über Stürze oder altersgerechte Handys relativ entspannend aus.

Das Alter bereitet mir beim Schreiben immer Schwierigkeiten. Mehrmals habe ich versucht, weiblichen Hauptpersonen in meinen Romanen ein Alter wie mein eigenes zu geben. Aber das hat nie geklappt. Unabhängig davon, ob ich fünfundvierzig, vierundfünfzig oder fünfundsechzig war, habe ich sie immer einige Jahre jünger gemacht. Wenn ich ihnen mein Alter gab, erschienen sie mir zu alt.

Die Hauptfigur in dem Roman, den ich gerade schreibe,

heißt Nellie Nathan. Ich habe ihr Alter zwölf Mal geändert, bis es mir richtig vorkam. Sie ist nun neunundsechzig, ich bin einundsiebzig.

Als junge Frau zwischen zwanzig und Mitte dreißig träumte ich davon, das hohe Alter in einem Liegestuhl zu verbringen, mich sonnend und Schokolade essend. Das hat sich definitiv als Hirngespinst erwiesen.

Aber wer will schon Schokolade in der Sonne essen? Dazu war sie nie bestimmt. Sie schmilzt, zerläuft und schmeckt nie mehr wie vorher.

Widersprüche

New Yorker wirken fast immer sehr zielstrebig. Jeder scheint auf dem Weg irgendwohin zu sein. Wir schlendern nicht, wir haben es eilig. Die einzigen Leute, die schlendern, sind die Touristen.

New Yorker können ihr Frühstück oder Mittagessen zum Mitnehmen in atemberaubender Geschwindigkeit bestellen. Das wäre einer olympischen Disziplin würdig. Ihren Lunch nehmen sie gewöhnlich in einem Deli an der 59th Street ein. In den meisten Delis gibt es ein Salatbuffet mit großer Auswahl. Ich repetierte im Geist, was ich in meinem Salat haben wollte, damit ich die anderen Leute in der Schlange nicht aufhalten würde. Der Mann vor mir bestellte seinen in Lichtgeschwindigkeit – Speck, Salami, gebratenes Huhn, gekochte Eier und Kopfsalat.

Angesichts all der Hektik und Eile könnte man meinen, New Yorker hätten keine Zeit für eher gemessene Gefühle wie die Nostalgie. Aber New York ist eine Stadt der Widersprüche. Was uns zum Innehalten bringt, dürfte manche verblüffen. Und ich meine nicht etwa einen Salat, der aus Speck, Salami und Brathuhn besteht. Ich meine die Nostalgie. Die New Yorker Karikaturistin Roz Chas schreibt in ihrem neuesten Buch: »Ich versuche jedes Mal, wenn ein Lieblingsrestaurant oder eine Lieblingsbuchhandlung von mir zumacht, die Fassung zu bewahren. Ich mache mir klar, dass das Leben aus ständigem Wandel besteht und das Leben in New York ganz besonders.«

Ich mag keine Veränderungen. Mir wäre es am liebsten, die Welt bliebe, wie sie ist, abgesehen von mehr Chancengleichheit für mehr Menschen, medizinischem Fortschritt und der Verfügbarkeit von iPhones und Tablets für alle. Viele New Yorker haben eine enge Beziehung zu den Buchhandlungen, Restaurants, Reinigungen und Tante-Emma-Läden ihres Viertels, ähnlich der Verbundenheit zwischen alten Freunden. Als der altmodische und leicht verkommene Pub »Mylady's« in SoHo zumachte, fehlte mir die Kneipe, obwohl ich in den mehr als 25 Jahren, die ich in SoHo gelebt hatte, höchstens einmal dort gewesen war. Mir gefiel es zu wissen, dass es »Mylady's« gab und immer schon gegeben hatte. Und ich trauerte monatelang, als das Caffé Dante in der MacDougal Street schloss. Ich war fast jeden Nachmittag in diesem Café gewesen. Personal und Stammgäste waren fast wie Verwandte für mich gewesen, auch untereinander wirkten sie sehr vertraut.

Ich bin nostalgischer als in meiner Jugend. Oft ertappe ich mich dabei, wie ich wehmütig an die Zeit zurückdenke, als meine Kinder klein waren. Wir machten Urlaub und Ausflüge, wir aßen gemeinsam. Es war alles so gemütlich. Und so einfach.

Heute leben meine Kinder in verschiedenen Bundesstaaten. Sie haben ihre Arbeit, ihre Partner und ihre eigenen Kinder. Es erfordert Dutzende von Telefonaten und

E-Mails und langfristige Planung, wenn wir alle zusammenkommen wollen.

Manchmal versuche ich, ihnen Schuldgefühle einzuflößen, weil sie so weit von mir weg leben, aber damit scheitere ich regelmäßig. Sie schlagen mir dann einfach vor, ich solle in ihre Nähe ziehen. Aber es hat Jahre gedauert, bis ich mich an New York gewöhnt habe. An den Lärm, an den Verkehr, an die Schnelligkeit und die Eile. Jetzt kann ich nicht mehr weggehen.

Die Wetterbombe

Ich bin den Schnee so leid. Früher dachte ich, Schnee sei aufregend. Aber inzwischen kann ich keine Schneeflocken mehr sehen. Ich weiß, dass es ihnen nichts ausmacht. Im vorletzten Winter hatten wir eine »Bomben-Zyklone«, auch »Wetterbombe« genannt. Wir wurden gewarnt, dass sie im Anzug sei. Die Warnungen klangen ernsthaft besorgt, vor allem die im Fernsehen.

Alles, was das Wort »Bombe« enthält, macht mich misstrauisch. Selbst das Wort »Sexbombe« gefällt mir nicht. Der meteorologisch korrekte Begriff für eine Wetterbombe lautet: explosive Zyklogenese. Was das genau bedeutet, können wohl nur Wissenschaftler verstehen. Jedenfalls scheint klar zu sein, dass man gut beraten ist, einer explosiven Zyklogenese möglichst aus dem Weg zu gehen.

Der Wetterbericht in Amerika ist oft beängstigend. Das Klima ist so vielfältig, dass ständig irgendwo etwas Beunruhigendes passiert. Wettervorhersagen versetzen mich daher regelmäßig in Panik. Wenn starke Winde für Indianapolis oder Albuquerque vorausgesagt werden, frage ich mich besorgt, ob sie auch nach New York gelangen. In solchen Fällen wäre es hilfreich, Landkarten entziffern zu können. Denn ich habe keine Ahnung, wie weit Albuquerque oder Indianapolis, Salt Lake City oder San Diego von

New York entfernt sind. Doch Landkarten sind für mich ein Buch mit sieben Siegeln. Auf einem Globus kann ich weder Länder noch Kontinente bestimmen. Und Straßenkarten bereiten mir noch mehr Kopfzerbrechen. Das Navi ist für Menschen wie mich ein Gottesgeschenk.

Es hieß, die Bomben-Zyklone würde mit starkem Wind und hohem Schneefall einhergehen. Keine gute Kombination, wie ich in meinen dreißig Jahren in New York lernte.

Aus keinem vernünftigen Grund beschloss ich, nach Shelter Island zu fahren, neunzig Meilen von New York City entfernt. Die Entscheidung war nicht nur unvernünftig, sondern völlig hirnrissig. Im Winter ist das Wetter auf Shelter Island in der Regel viel schlechter als in New York City.

Mein Ehemann, der äußerst unbeschwert ist, war mit meinem Reiseplan einverstanden. Ich bin sehr froh, einen unbeschwerten Ehemann zu haben, obwohl im Vergleich mit mir anscheinend die meisten Menschen unbeschwert wirken, wie meine Tochter mir unnötigerweise erklärt hat.

In New York verursacht schlechtes Wetter nur selten Stromausfälle. Auf Shelter Island ist das Gegenteil der Fall. Und kein Strom bedeutet keine Heizung, kein Herd, keine Mikrowelle, oft kein Wasser. Als mir das einfiel, waren wir schon unterwegs.

An unserem Ziel fand ich vier Taschenlampen im Haus, kaufte weitere sechs und reihte auf der Küchenbank zwanzig Batterien auf. Die Badewanne und mehrere Kochtöpfe füllte ich mit Wasser. Ich kochte Mahlzeiten, die man kalt essen kann. Und danach fühlte ich mich ruhiger.

Die Wetterbombe kam mit Gewalt über uns. Ein sehr großes Räumfahrzeug musste den Weg zu uns freiräumen.

Aber siehe da, wir hatten keinen Stromausfall. Diese Erfahrung hat mich gelehrt, dass ich zwar gut vorbereitet war, aber einiges besser machen könnte. Für die nächste Wetterbombe will ich mir eine iPhone-Powerbank zulegen und eine batteriebetriebene Kaffeemaschine.

Alles in Ordnung?

Meine Mutter hat immer gesagt, wenn man morgens aufwache und alles mit einem in Ordnung sei, dann sei man zweifellos tot. Darüber musste ich immer lachen. Ich nehme an, dass es sich eher so verhalten dürfte, dass man jung sein muss, wenn man morgens aufwacht und denkt, alles sei mit einem in Ordnung.

Neulich hatte ich innerhalb einer Woche Termine bei meinem Hautarzt, einem Gefäßchirurgen, einem Zahnchirurgen und meinem Augenarzt. Der Termin beim Zahnchirurgen galt den letzten Implantaten, die ich einsetzen lassen musste. Diese Behandlung ist kein Zuckerschlecken, in New York ist sie außerdem sündhaft teuer. Ich müsste mindestens 110 Jahre alt werden, damit sich diese Investition halbwegs amortisiert, sagte ich dem Zahntechniker.

Ich begann mir Sorgen zu machen, dass ich im nächsten Jahr sterben könnte. Würde ich stolpern und eine Treppe hinunterfallen oder von einem der Fahrradkuriere umgefahren, die in Downtown Manhattan, wo ich wohne, in atemberaubender Geschwindigkeit und mit Vorliebe in die falsche Richtung eine der Einbahnstraßen entlangsausen, wäre das eine schreckliche Geldverschwendung gewesen. Verschwendetes Geld, das ich in etwas hätte investieren können, das ich meinen Kindern hinterlassen könnte.

Zahnimplantate kann man nicht einmal testamentarisch vermachen. Kein Mensch will gebrauchte Zähne erben.

Nach ein paar Wochen, in denen ich mich ängstlich an jedem Geländer festgehalten hatte und keine Straße bei Rot überquert hatte – was jeder New Yorker tut –, kam ich mir vor, als wäre ich zweiundneunzig und nicht etwa zweiundsiebzig Jahre alt. Mit zweiundsiebzig fühle ich mich alt genug, es gelüstet mich nicht danach, mich wie zweiundneunzig zu fühlen. Aber es gelüstete mich danach, etwas Aufregendes zu erleben.

Mir kam die Idee, für meinen Mann zu seinem zweiundsiebzigsten Geburtstag eine Überraschungsreise nach Vietnam zu buchen. Doch das wäre mir nicht leichtgefallen, ich kann mich nicht gut verstellen. Um nicht länger darüber nachdenken zu müssen, ob ich meinen Mann anlügen könnte, beschloss ich, Karten für ein Konzert von Bob Dylan zu kaufen. Ich kaufte sie nicht, weil ich Bob Dylan liebe – obwohl ich nichts gegen Bob Dylan habe. Ich kaufte sie, weil mein Mann Bob Dylan liebt. Er liebt ihn nur ein kleines bisschen weniger, als er mich liebt.

Beim Konzert im Beacon Theatre bestand das Publikum in der Mehrzahl aus Leuten in ihren Sechzigern, Siebzigern und Achtzigern. Alle sahen glücklich aus, hier zu sein. Niemand kreischte, aber alle applaudierten ohrenbetäubend, und ich denke, mein Mann applaudierte am lautesten.

Irgendwann stand Bob Dylan, der bis dahin Klavier gespielt hatte, auf, ging zur Bühnenmitte und sang. Das Publikum konnte sich nicht mehr halten vor Begeisterung. Und wohl auch vor Erleichterung, dass ihr siebenundsiebzig Jahre altes Idol noch immer auf den Beinen stehen und singen konnte. Vielleicht war es auch die Erleichterung, dass wir immer noch aus dem Häuschen geraten können, wenn wir uns viel älter fühlen, als wir sind.

Ein paar Monate später erkundigte ich mich nach den Impfungen, die man braucht, um nach Vietnam zu reisen. Und dann habe ich Flugtickets nach Hanoi gebucht.

Haustiere

Ich weiß und habe oft gelesen, dass Haustiere den Stress mindern und die Lebensdauer verlängern sollen. Ich fand es immer mit großem Stress verbunden, Haustiere zu halten. Sie haben wahrscheinlich für mich jede Chance, hundert Jahre alt zu werden, verringert.

Ich habe zumindest festgestellt, dass der Besitz eines Haustiers merkliche Auswirkungen auf meinen Stresspegel hat. Mein Stresspegel scheint immer ziemlich hoch zu sein. Aber der Besitz eines Haustiers steigert meinen Stresspegel ins schier Unermessliche.

Wenn ich meine Tochter besuche, könnte ich Beruhigungsmittel brauchen. Ihr achtjähriger Sohn hat eine gelb und weiß geringelte Schlange als Haustier. Sie heißt Banana Split. Ich mag keinen Bananensplit. Aber Schlangen mag ich noch weniger.

Als meine Kinder noch nicht erwachsen waren, reihte sich ein Haustierdrama an das nächste. Ein Kanarienvogel namens Flutter wurde von einer Würgerkrähe ermordet, die seine Käfigtür aufstemmte und ihm den Kragen umdrehte. Flutter wurde durch Flutter Nummer zwei ersetzt und Flutter Nummer zwei durch Flutter Nummer drei. Keiner von ihnen starb eines natürlichen Todes.

Das Meerschweinchen meines Sohns fiel von einem

Baum, als der damals Dreijährige ihm beibringen wollte, auf einem Ast zu balancieren. Die Totenstarre hatte bereits eingesetzt, bevor das verstorbene Meerschweinchen gefunden wurde.

Als wir in Australien lebten, verschwanden zwei Katzen, und ein Schaf wurde aus unserem Garten gestohlen. Warum wir ein Schaf im Garten hatten, will ich jetzt nicht erörtern. Wir hatten auch einen Hund. Meine Kinder und mein Mann liebten den Hund. Er hieß Solly. Solly hatte eine Vorliebe dafür, sich unter dem Gartenzaun durchzugraben und wegzulaufen. Solly besaß eine Hundemarke mit seinem Namen und unserer Telefonnummer.

Mindestens drei- oder viermal in der Woche rief jemand an und meldete, dass er Solly gefunden hatte. Jeder Anrufer nannte Solly Dolly. Der Name auf der Hundemarke muss etwas schwer zu entziffern gewesen sein. Jedes Mal dauerte es mindestens eine Viertelstunde, zu erklären, dass Solly nicht Dolly hieß und dass ich ihn gut genug kannte, um zu wissen, dass er von allein zurückkommen würde.

Einer der Anrufer drohte, mich bei der Tierschutzbehörde anzuzeigen. New Yorker Hundebesitzer müssen mit solchen Drohungen nicht rechnen. New Yorker sind in der Regel sehr auf das Wohl ihrer Hunde bedacht. Sie scheinen jeden Aspekt der körperlichen, sozialen und emotionalen Bedürfnisse ihres Hundes zu berücksichtigen.

Viele New Yorker Hundehalter lassen ihre Hunde ein- oder zweimal täglich von einem Hundesitter ausführen. Und wenn das dem Hund nicht genügt, kann man ihn auch abholen lassen, damit er für ein paar Stunden einen

Ausflug aufs Land macht. Manche Hunde machen solche Ausflüge mehrmals in der Woche. Firmen wie My Dog Hikes machen gute Geschäfte.

Die Hunde werden dann nicht einfach auf irgendein langweiliges Stück Land ausgeführt, sondern in wunderschöne Parks und Naturschutzgebiete mit Wanderwegen und hügeligem Gelände.

Die Besitzer dieser Hunde werden wahrscheinlich hundertzehn Jahre alt. Ich nicht. Außerdem bin ich zweiundsiebzig. In diesem Alter halte ich zweiundneunzig für keine schlechte Option.

Essen

Mein Ehemann isst für sein Leben gern. In New York gibt es eine große Auswahl an Lebensmitteln und Speisen. Man kann keinen Block weit gehen, ohne an einem Lebensmittelladen, Imbissstand oder Restaurant vorbeizukommen.

Während mein Frühstück aus Getreideflocken mit hohem Ballaststoffanteil und fettfreiem Joghurt besteht, geht mein Mann oft in ein Frühstückscafé, wo er Eier, Käse, Speck und eine würzige Sauce auf einer Brioche verspeist oder sich nach Hause mitnimmt, was im Bagel-Laden um die Ecke »klassischer New Yorker Bagel« heißt. Dieser Bagel ist mit Scheiben von geräuchertem Nova-Scotia-Lachs, Frischkäse, Tomaten, Zwiebeln, Kapern und Dill belegt.

Mein Mann kennt keine Furcht, wenn es ums Essen geht. Er probiert alles. Er liebte die Suppe aus dem Rückenmark von Schweinen und Kühen, die er in einem kleinen mexikanischen Restaurant aß. Diese Innereien von Schweinen und Kühen sehen aus wie Nudeln, wie ich inzwischen weiß. Ich hatte nichts dagegen, dass er einen Teller Nudelsuppe aß. Aber als ich feststellte, dass die Nudeln gar keine Nudeln waren, konnte ich meinen Salat mit gegrillter Hühnerbrust nicht aufessen.

Und ich muss den Blick abwenden, wenn er drei oder vier Tacos mit Ochsenkopf isst. Der Ochsenkopf in den Tacos enthält Teile der Augen, des Hirns und der Zunge des Ochsen. Es sind keine kleinen Tacos. Ich weiß nicht, ob mich am meisten beschäftigt, dass mein Mann so viel essen kann oder woraus dieses Essen besteht.

Mein Mann hat noch nie in seinem Leben Kalorien gezählt. Mit zweiundzwanzig Jahren hatte er eine phantastische Figur, und die hat er heute noch, mit zweiundsiebzig Jahren. Ich selbst habe ein geradezu enzyklopädisches Wissen über Kalorien. Ich kann Kalorien schneller als mit Lichtgeschwindigkeit zusammenzählen. Ich kann auch jedem den unterschiedlichen Kaloriengehalt eines Apfels oder einer Birne nennen. Oder den einer Orange und einer Grapefruit. Vermutlich bin ich der einzige Mensch, den diese Fähigkeit beeindruckt.

Mein Mann hat noch nie eine Diät gemacht. Er hat an so etwas noch nie einen Gedanken verschwendet oder es sich gar vorgenommen. Ich habe meine Zeit an der Highschool damit verbracht, zu berechnen, wie viele Wochen ich brauchen würde, um zehn oder fünfzehn Pfund abzunehmen. Meine Notizhefte aus der Highschoolzeit waren voller Kalorienberechnungen. Für Algebra oder Trigonometrie war einfach kein Platz mehr.

Ich liebe meinen Mann. Für ihn habe ich vor fast vierzig Jahren einen anderen Ehemann verlassen. Aber manchmal, wenn ich gedünsteten Brokkoli esse oder unter Schock stehe, weil ich gerade versehentlich vier dicke Scheiben Brot gegessen habe, sehe ich meinen Mann an und denke, wie ungerecht diese Ungleichheit ist.

Als junge Erwachsene um die zwanzig und dreißig hatte

ich mir vorgenommen, meine späteren Lebensjahre in einem Liegestuhl in der Sonne zu verbringen, ein Buch zu lesen und eine Tafel – oder mehrere Tafeln – Schokolade zu essen. Und nicht etwas gegrilltes Huhn ohne Haut und gedünstete grüne Bohnen.

Nicht im Traum wäre mir eingefallen, dass ich in meiner Wohnung in New York sitzen und Getreideflocken mit hohem Ballaststoffanteil und fettfreiem Joghurt essen würde.

Ich tröste mich mit der Überlegung, dass die Schokolade in der Sonne geschmolzen wäre. Und geschmolzene Schokolade klebt an den Fingern und verschmiert den Mund und schmeckt nicht sonderlich gut.

Städte

Ich habe immer nur in Städten gelebt. Nie irgendwo, wo es zu viele Bäume oder Sträucher gibt. Ich liebe Städte.

Ich lebe gerne inmitten vieler Menschen. New York City, die Stadt, in der ich in den letzten dreißig Jahren gelebt habe, kann einem etwas zu voll vorkommen – letztes Jahr wurde ein Rekord von 65.2 Millionen Besuchern verzeichnet. Aber sobald man mehr als sechzig Millionen zusätzliche Leute in der Stadt hat, merkt man gar nicht mehr, wie viele mehr es sind.

In Städten eröffnen sich einem unendlich viele Möglichkeiten. Obwohl ich manchmal einige der Einschränkungen erfahren musste, die mit dem Leben in der Stadt verbunden sind.

Als junge Frau habe ich zwei Jahre lang in London gelebt. In der Baker Street. Wo der legendäre, wenn auch fiktive Sherlock Holmes seinen Wohnsitz hatte. Ich war im siebten Monat mit meinem Sohn schwanger. Eines Tages sah ich eine Annonce, in der ein Zuhause für ein Bärenbaby gesucht wurde.

Bären habe ich schon immer gemocht. Nicht, dass ich einem Bären je näher gekommen wäre als bis auf hundertfünzig oder zweihundert Meter. Und das war in einem Zoo, und der Bär lag im Tiefschlaf.

Ich rief den Besitzer des Bärenbabys an. In den folgenden Tagen unterhielten wir uns während mehrerer Telefonate aufgeregt über Bären. Die Intensität dieser Beziehung ebbte ab, als ich fragte, wie groß der Bär sein würde, wenn er ausgewachsen war. Die Antwort lautete: drei Meter. Daraufhin musste ich erklären, dass die Zimmerdecken bei mir zu Hause nicht sehr hoch seien.

»Sie wohnen in einem Haus?«, fragte er. »O nein«, antwortete ich. »Ich wohne in einem Appartement in der Baker Street. In einer Zweizimmerwohnung.« Daraufhin ging es mit der Beziehung zwischen mir und dem Besitzer des Bärenbabys endgültig den Bach hinunter. Anders gesagt, sie fand ein abruptes Ende.

Mittlerweile war ich im achten Monat schwanger. Ich hatte noch nie ein Baby in den Armen gehalten, es gebadet oder gefüttert. Das bereitete mir aber weiter keine Sorgen. Ich war damit beschäftigt, nicht an ein Bild zu denken, das ich in einem Film gesehen hatte. Es war das Bild einer Frau, die schrie und schwitzte, während sie ein Kind zur Welt brachte.

Ich hatte vergessen, mich mit dem Gedanken zu beschäftigen, dass ich nach der Geburt das Baby mit nach Hause nehmen würde. Ich weiß nicht, wie es mir gelungen ist, das zu übersehen. Die ersten zwei Wochen seines Lebens schlief mein Sohn in einem Kübel. Es war ein ziemlich geräumiger purpurfarbener Kübel, obwohl eine Schublade vielleicht noch besser gewesen wäre, wenn man es recht bedenkt.

Die ersten zwei Wochen seines Lebens in einem Kübel

zu verbringen, hat meinem Sohn offenbar nicht geschadet. Er ist Arzt und hat vier Kinder, von denen kein einziges je in einem Kübel geschlafen hat.

Den Kübel hat mein Sohn nie erwähnt. Er weiß, dass er geräumig und purpurfarben war. Aber er hat sich nie darüber beschwert oder es auch nur sonderbar gefunden. Aber er hat mich mehr als einmal darauf angesprochen, dass er es nicht fassen kann, dass ich ihn auf eine Schule geschickt habe, wo kein Latein unterrichtet wurde.

Latein? Mit Latein habe ich mich gedanklich noch nie besonders beschäftigt. Mit Latein habe ich mich sogar noch weniger beschäftigt als mit dem Sachverhalt, dass ich meinen Sohn aus der Klinik mit nach Hause nehmen musste. Wer denkt schon an Latein? Vor allem, wenn das eigene Kind fünf oder sechs Jahre alt ist. Oder vielleicht neun oder zehn Jahre.

Ein Vorteil des Älterwerdens ist der, dass ich inzwischen keine Gewissensbisse wegen des Lateinunterrichts mehr habe und nie mehr auf den Gedanken käme, ein Bärenbaby ins Haus zu nehmen. Aber es freut mich noch immer, dass der Kübel so schön purpurfarben war.

Altern

Geoffrey, der mir seit mehr als dreißig Jahren die Haare schneidet, hat mir erzählt, ich sei seine einzige Kundin im Alter von über vierzig, die noch nie etwas an ihrem Gesicht habe machen lassen.

Mit »machen« meinte Geoffrey Schönheitsoperationen. Ich war sehr zufrieden mit mir und hielt es für eine gute Sache, dass ich nichts an meinem Gesicht hatte machen lassen, bis Geoffrey hinzufügte: »Na ja, ein bisschen Liften hier und ein bisschen Straffen da könnte nicht schaden«, wobei er irgendwie in die Gegend meines Munds deutete.

Ich wollte nicht länger zuhören. Ich wollte nicht wissen, was ich alles tun könnte. Ich hätte wirklich nichts dagegen, mich besser in Geografie auszukennen und in der Lage zu sein, harmonisch zu singen oder drei Sprachen zu sprechen. Aber plastische Chirurgie? Nein, danke.

Kosmetische Behandlungen und Operationen sind angesagt. Alle wollen jünger aussehen. Selbst Dreißigjährige. In New York wurden unzählige Schönheitssalons eröffnet. Dort kann man sich in der Mittagspause Botox injizieren lassen.

Ich wusste nicht, was Botox sein soll. Eine Freundin hat mir erklärt, dass es sich um eine Substanz handelt, die in die Haut gespritzt wird, um Falten zu glätten. Das klang für meine Begriffe nicht einladend.

Wie man jünger aussehen kann, ist seit Jahrzehnten, wenn nicht seit Jahrhunderten, *das* Thema in sämtlichen Frauenmagazinen. Diese Thematik scheint sich ausschließlich an Frauen zu richten. Aber inzwischen ist die Angst, nicht mehr gut auszusehen und zu altern, ein Thema, das Männer wie Frauen beschäftigt.

Männer lassen ihr Kinn und ihren Kiefer ummodeln. Bald werden viele von uns nicht mehr aussehen wie sie selbst oder auch nur wie ein naher Verwandter desjenigen, der sie bislang waren.

Ich habe nie einen Gedanken daran verschwendet, mein Aussehen zu verlieren. Es gibt so vieles anderes, was man verlieren kann. Die Liste der möglichen Verluste ist erschreckend. Und ich spreche nicht von Schlüsseln oder iPhones.

Außerdem bin ich ein Feigling. Die Vorstellung von Hautglättungen, Botox oder anderen Faltenstraffern finde ich gruselig, und obendrein bin ich abergläubischer, als ich gerne zugeben würde. Ich glaube, selbst wenn ich mit dem Gedanken einer Schönheitsoperation spielen würde, könnte es mir passieren, zu stürzen und mir die Hüfte zu brechen oder die Rippen und meine Lunge zu verletzen, was eine Operation ganz anderer Art erfordern würde.

Vielleicht fällt es mir leichter, mir keine Gedanken über mein Aussehen zu machen, weil ich noch nie das »richtige« Aussehen hatte. Als Teenager war ich ziemlich mollig, und in den Jahren darauf wurde ich richtig dick. In der Highschool war ich für die meisten, wenn nicht für alle Jungen alles andere als attraktiv.

Mit fünfzehn beschloss ich, interessant zu sein, wenn ich schon nicht attraktiv sein konnte. Sehr interessant. Ich sah mehrere Filme von Ingmar Bergman und beschäftigte mich mit dem Existenzialismus.

Ich bin mir nicht sicher, dass mir klar war, worum es sich beim Existenzialismus handelt, aber es gelang mir in jenem Jahr an der Highschool das Wort Existenzialismus in fast jedem Gespräch unterzubringen. Allerdings ohne Erfolg. Es war, als hätte ich plötzlich russisch zu sprechen begonnen.

Einem Jungen, den ich bei einer Tanzveranstaltung kennenlernte, erzählte ich von Ingmar Bergman. Und dann kam ich auf den Existenzialismus zu sprechen. Sobald unser Tanz endete, entfloh er. Das Gleiche passierte mir mit zwei anderen Jungen. Ich gab auf. Der Existenzialismus war eindeutig keine Flirthilfe.

Ich entschied mich für eine andere Strategie. Ich würde den Existenzialismus in die Tonne treten und einen leuchtend pinkfarbenen Lippenstift kaufen, der zu meinem neuen leuchtend pinkfarbenen Rock passte.

Beerdigungen

In den letzten Jahren habe ich mir Gedanken über Beerdigungen gemacht. Nun ja, meistens über meine eigene Beerdigung. Nicht dass ich beabsichtigen würde, bald zu sterben, aber ich halte es für geraten, wenn möglich alles rechtzeitig zu planen, ob Mahlzeiten, Diäten, Reisen, Unterhaltungen oder Beerdigungen.

Ich habe eine Liste von Leuten vorbereitet, die ich auf keinen Fall bei meiner Beerdigung sehen will. Ich habe meinem Mann mehr als einmal erklärt, dass ich fuchsteufelswild wäre, wenn jemand von dieser Liste bei meiner Beerdigung auftauchen sollte. Ich weiß, dass ich den Umstand übersehen habe, dass es nicht so einfach sein dürfte, fuchsteufelswild zu sein, wenn man tot ist.

Letztes Jahr war ich bei einer Beerdigung, in deren Verlauf es schwerfiel, den Reden nach zu schließen, dass Henry, der Verstorbene, ein Schriftsteller, ein ausnehmend gebildeter, geistreicher und faszinierend kluger Mann war. »Wenn Henry hier wäre, würde er diese Beerdigung verlassen«, sagte ich zu einer Freundin, die neben mir saß. Meine Freundin stimmte mir zu. Bedauerlicherweise lag Henry im Sarg.

Je länger ich über meine Beerdigung nachdenke, desto sinnvoller erscheint es mir, an der eigenen Beerdigung teilzunehmen. Und zwar nicht im Sarg. Meine Liste von unerwünschten Teilnehmern wäre dieselbe, und ich könnte zugegen sein, um aufzupassen, dass sich keiner von ihnen einschleicht.

Ich finde, wir sollten alle bei unserer Beerdigung anwesend sein. Auf diese Weise wären wir imstande, die oft wunderbaren Dinge zu hören, die über uns gesagt werden, und die Redner zu korrigieren, wenn sie etwas Falsches sagen. Und warum sollte man die Chance verpassen, zu hören, wie sehr die Leute einen lieben und wie sehr sie einen vermissen werden?

Man könnte ihren Schmerz und ihren Kummer sehen. Man wüsste, wer geweint hat und wer nicht, und, wichtiger noch, wer sich nicht hat sehen lassen. Und man könnte selbst eine Rede halten, was ein Riesenvorteil wäre.

All das verpasst man, wenn man bis zum eigenen Tod wartet.

Ich wohne in der Lower East Side, am Rand von New Yorks Chinatown. Vor einigen Tagen fand in der chinesischen Bestattungshalle an der Ecke von Canal Street und Ludlow Street ein Trauergottesdienst statt. Es gab buddhistische Priester in langen schwarzen Gewändern, Musiker, die Trompete spielten und trommelten, und atemberaubend schöne Blumenarrangements auf dem Sarg und auf Gestellen am Straßenrand. Eine würdevolle Prozession von Hunderten von Leuten, in Gruppen und Arm in Arm, ging langsam die Ludlow Street entlang.

Ich fragte mich, ob der oder die Verstorbene wusste, wie viele Leute geweint und untröstlich ausgesehen hatten, und ob er oder sie wusste, dass die Ludlow Street und die Henry Street teilweise für den Verkehr gesperrt worden waren – etwas, was in New York in der Regel nur für Präsidenten und andere Würdenträger gemacht wird.

Als ich nach Hause kam, begann ich darüber nachzudenken, was die passende Kleidung für mich bei meiner Beerdigung sein könnte. Und was ich nach den Feierlichkeiten servieren sollte.

Ich denke, ein großer Mohnkuchen, der aus neunzig Prozent Mohn und zehn Prozent Kuchenteig besteht, wäre das Richtige. Nun ja, für mich. Es gibt nur ein kleines Problem. Der beste Mohnkuchen, den ich je gegessen habe, war der der Bäckerei Thoben in Berlin. Aber dann fiel mir ein, dass meine Freundin Johanna, die in Berlin wohnt, zweifellos zu meiner Beerdigung kommen würde. Sie könnte mit einem ganzen Blech voll Mohnkuchen nach New York fliegen.

Was die Kleidung betrifft, habe ich mich für Schwarz entschieden. Schwarz trage ich oft. Schwarze Kleidung verleiht einer Beerdigung eine gewisse Feierlichkeit. Und ich will auf keinen Fall bei meiner eigenen Beerdigung unnötig heiter wirken.